AF392703

* 9 7 8 9 9 4 8 7 6 7 2 6 8 *

عِنَاقُ الثَّلْجِ وَالنَّار

شعر

الأمين الطالب

عِنَاقُ الثَّلْجِ وَالنَّار

شعر

إصدارات دائرة الثقافة، حكومة الشارقة 2024 م

الناشر: دائرة الثقافة ـ حكومة الشارقة ـ الإمارات العربية المتحدة

الهاتف: 5123333 6 971+

البرَّاق: 5123303 6 971+

الموقع الإليكتروني: www.sdc.gov.ae

البريد الإليكتروني: sdc@sdc.gov.ae

____

811.9661

ط أ. ع   الطالب، الأمين

عناق الثلج والنار/ الأمين الطالب.ـالشارقة، الإمارات العربية المتحدة: دائرة الثقافة، 2024.

82 ص. ؛ 21x14 سم.

1. الشعر العربي – موريتانيا – دواوين وقصائد

أ. العنوان

ISBN: 978-9948-767-26-8

إهداءٌ إلى الماءِ ثلجًا كانَ أوْ بُخارًا

بُكَاء

صَبٌّ هَوَى مَنْ هَوَى عَنْ وَصْلِهِ وَشَكَا
إنْ كَانَ لَمَّا يَمُتْ مِنْ شَوْقِهِ وَشَكَا

بَكَيْتُ يَوْمَ تَفَرَّقْنَا بُكَا كَلِفٍ
إنَّ الْمُحِبَّ إِذَا حَانَ الفِرَاقُ بَكَى

وَالشَّوْقُ وَالْهَمُّ فِي صَدْرِي اعْتَرَاكُهُمَا
وَأَحْجَمَ الصَّبْرَ عَنْ صَدْرٍ بِهِ اعْتَرَكَا

إِنِّي أَتِيهُ بِمَنْ فِي مِثْلِ هَيْئَتِهَا
يَمِيلُ عَنْ نُسْكِهِ لِلتِّيهِ مَنْ نَسَكَا

تَصْطَادُنِي وَلَهَا مِنْ حُسْنِهَا شَرَكٌ
فَهَأَنَا أَعْشَقُ الصَّيَّادَ وَالشَّرَكَا

لَهَا بَرِيقٌ وَمِصْبَاحٌ وناعِسَةٌ
أَفْنَتْ مَنَامِي وَوَرْدٌ قَدْ نَمَا وَزَكَا

وَمَعْطِفٌ فِيهِ ذُو لِينٍ وَمِئْزَرُهَا
فَفِيهِ ضِدَّانِ مِنْ أَضْدَادِهَا اشْتَرَكَا

وَلِي سُـهَادٌ وَتِيهٌ فِي الْهَوَى وَجَوىً
وَلِي عَـذَابٌ إِذَا طَالَ النَّـوَى وَبُكَا

يَـا مَنْ يَلُـومُ عذُولِـي فِـي مَحَبَّتِهِ
مَـا لِلْعَذُولِ وَمَالِي فِي الْهَوى وَلَكَا؟

أَلَا أُسَـرُّ بِيَـوم مِـنْ وِصَالكُـمُ
لا أُخْتَشِـي بَعْدَهُ مِـنْ جَفْوِكُمْ دَرَكا

طفوق النسيان

الْكَوْنُ يَذْرِفُ كُلَّ يَوْم دَمْعَةً
أَسَفًا عَلَى مَأْسُوفِهِ وَالْآسِفِ

وَيُشَارِكُ النَّخْبَ الْمُؤَقَّتَ نَفْسَهُ
وَيَقُولُ أَتْرِعْ كَأْسَهَا لِمَرَاشِفِي

فَتَأَمَّلِ الْأَسْرَارَ خَلْفَ سِتَارَهَا
وَاعْبُرْ إِلَى وَهَجِ الرُّؤَى الْمُتَكَاشِفِ

مُهَجٌ عَلَى الْوَقْتِ الشَّفِيفِ مُقِيمَةٌ
وَمَلَامِحٌ تَمْضِي كَبَرْقٍ خَاطِفِ

تخْتَالُ فِي عُمُرٍ بِهِ قَدْ أَشْرَقَتْ
شمْسُ الْمَشِيبِ عَلَى الشَّبَابِ الْوَارِفِ

يَا صَاحِبِي يَكْفِي مِنَ الْأَسْفَارِ قِفْ!!
عَلَّ الْوُقُوفَ هُنَا خَلَاصُ الْوَاقِفِ

خَفَتَتْ أَهَازِيجُ الْحَيَاةِ وَلَمْ يَزَلْ
وَتَرُ الْبَقَاءِ يَشُدُّ قَلْبَ الْعَازِفِ

عَجَباً لَّنَا!

نَمْشِي عَلَى أَحْلَامِنَا
بِخُطَىً مُبَعْثَرَةٍ بِيَوْمٍ عَاصِفِ

نَهْتَمُّ بِالْمَجْهُولِ مِنْ أَقْدَارِنَا
وَنَزِيدُ مِنْ نِسْيَانِنَا لِلسَّالِفِ!

عَجَباً لَنَا!
لَمْ نَنْتَبِهْ لِحُقُولِنَا
تَغْتَالُ فِيهَا الْوَرْدَ كَفُّ الْقَاطِفِ!

قِفْ صَاحِبِي،
هَذَا الْوُجُودُ مُبَلَّلٌ بِالنَّقْصِ،
فِي الصَّلْصَالِ، فِي الْأَنْوَارِ، فِي

وَاللَّيْلُ مِنْ نَقْصِ النَّهَارِ ظَلَامُهُ
وَالْجَاهِلُ الْمَغْرُورُ نَقْصُ الْعَارِفِ

طائر الشوك

إِنِّي فُتِنْتُ
بِجفْنِكِ الوَسْنَانِ
فَتَرَفَّقي
بالعاشِقِ الولْهَانِ

أنَا مِن طُيورِ الشوْكِ
يا مَحْبُوبتي
يَا مُنْيتي
يا أَجْمَلَ الأغْصَانِ

فَجَّرْتُ قَلْبِيَ

كَوثَراً لكِ..

فَارْتَوِي

وتَمَدَّدِي

رمْلاً على شُطْآني

وعلوْتُ مئذنةَ الهوَى لمَّا

هَوى

لكِ خاطِري.. هَلَّا سَمِعتِ أَذانِي

أهواكِ أكثرَ منْ جنونِ الشِّعْرِ.. منْ

بَيتِ القصيدِ ورقَّةِ الْأَلْحَانِ

تلكَ الْقُلُوبُ عَلَى الْجِدَارِ
رَسَمْتُها
لَكِ أَنْتِ نازفةً مِنَ الْخَفَقَانِ

وَأَصَبْتُ من عطشِ الصَّحارى سُحْنةً
مُذ أنَّ وصللكِ
غَيمهُ جَافَانِي

إن تطردي قلبي فيا وهج المُنى

أنتِ انعكاسُ الضوء في أَجْفَاني

كمْ أيقظت تلك الجراحُ
قَصَائِدِي
وَقَصَائِدِي كَالْعَاشِقِينَ تُعَاني

لاَ تسْأليني عن مَدَى شَوْقِي..
مَدَى شَوْقِي: صدَى نسقٍ من الأحْزَانِ

نظرة من ثنايا الجبل

قَد أنْكرُوكَ..
يَداً، أَخًا، أَبَا، ولَدَا
لا وجهَ تَعرفهُ ممّنْ تَرَى أبدا

مِن بَعْدِمَا
كُنتَ مَحْفُوفًا بِأَفئِدةٍ
ها أنتَ لستَ مُصِيباً فِي الوَرَى خَلَدا

نَظرتُ مِن جَبَلِي حِينًا لِمُجْتَمِعٍ
يَسْتَاءُ مِن بُلْبُلِ الغَابَاتِ حِينَ شَدَا

يَقِلُّ حَدَّ التَّلَاشِي نَبْضُ عَقْلِهِمُ
وَهَائِلٌ كَمُّهُم لَوْ لَمْ يَكُن زَبَدا

فَالكَفُّ مَكْفُوفَةٌ وَالْعَيْنُ طَائِفَةٌ
وَالنَّفْسُ مَمْلُولَةٌ وَالنَّاطِقَاتُ مُدى

اخْلَعْ شُحُوبَكَ لَا تُفْتَنْ بِوَاضِحَةٍ
فَلَن تَمُدَّ إِلَى ذَاتِ الْبَيَاضِ يَدا

بِأَيِّ عَيْنٍ يَرَى الإِنْسَانُ كَوكَبَهُ
وَأَيِّ عَيْنٍ تَرَى رِيحُ الصَّبَا بَرَدَا؟

وَأيِّ عَينٍ تَرَى الأرْوَاحُ خَارِطَةً
إِذَا أَوَيْتُ إِلَيْهَا لَمْ أجِدْ بَلَدَا

إِنّي أُسَائِلُ نَفْسِي وَهْيَ صَاغِيَةٌ
مَاذَا عَلَى الغَيْمِ لَوْ أَهْدَى التُّرَابَ نَدَى؟

مَاذَا عَلَى الفَجْرِ لَوْ وَارَى ابْتِسَامَتَهُ
عَن ظُلْمَةِ اللَّيْلِ حتّى يَتْرُكَ الحَسَدَا؟

يَا كمْ أُنَادِي لِدِينِ الْغَابِ مُجْتَمَعِي
ولَا يُجَاوِبُ.. لَوْ نَادَيتُ أيُّ صَدى!

أَضِئْ بِصَبْرِكَ.. إِنَّ الشَّمْعَ يَا خَلَدِي
لَوْلَا مُخَالَطَةُ النِّيرَانِ مَا اتَّقَدَا

طَأْ بِاحْتِرَاسٍ فَكُلُّ الْأَرْضِ مُلْغَمَةٌ
وَعِشْ إِذَا كُنْتَ تَبْغِي الْأَمْنَ مُنْفَرِدَا

وَاجْعَلْ لِسَانَكَ مِن مَالٍ تَجِدْ أُذُنًا
صَغْوَاءَ مَا شِيتَ، أَوْ عَيْنًا تَرَاكَ هُدَى

على نِيّةٍ

عَلى نِيَّةٍ مِنْ أَنْ أُحِبَّ عَلَانِيَهْ
وَأَن أَتَحَدَّى الْكَوْنَ فِيكِ عَلَى نِيَهْ

تَدَانَيتُ مِن ذِكرَاكِ مُرْتَعِشَ الْخُطَى
وَمَـا أَنـتِ يَا ميمـونُ بالمتدَانِـيَـهْ

وَإِنَّكِ يَـا مقصُودتِـي ثُـمَّ مُنْيَتِي
لَحَاضِـرَةٌ في واقِعِـي وأَمَانِيَـهْ

أسِـيرُ.. وَكانَ الدَّرْبُ بالوَرْدِ وَارِفًا
وَكَانَـتْ أَفانِيـنُ الصَّبَابَـةِ حَانِيَـهْ

تُحدّثِنـي كُلُّ الصُّخُـورِ بِرسْـمِهَا
أَحَادِيـثَ وِجْـدٍ أَرَّخَـت كلَّ غَانِيَهْ

وَسِرْتُ وكَانَ التِّيهُ «أرْخَى سُدُولَهُ»
فَبِالْـكَادِ مِن عُمْقِ الضَّيـاعِ أَرَانِيَهْ

أَلاَ إِنَّنِي أَفْـردْتُ ذَاتَـكِ بالْهَـوَى
وَأَبْصَـرْتُ فِي عَيْنَيْـكِ كُلَّ أَمَانِيَهْ

لَقَـدْ رَاقَنِـي مِنْكِ الْهَـوَى فَاحْتَوَيْتُهُ
وَقَـد رُقْتُـهُ فَانْتَابَنِـي وَاحْتَوَانِيَهْ

خُذِي القَلْـبَ إِنَّ الْقَلْبَ بَعدَكِ فَارِغٌ
خُذِي الرُّوحَ إِنَّ الرُّوحَ بَعْدَكِ فَانِيَهْ

وَإنّ الثَّوانِي مِــنْ غِيابِكِ أَدْهُرٌ
وَإنّ دُهوراً مِنْ حُضُورِكِ ثانِيَهْ

عَجِبْتُ لِــدَاءٍ كُلَّمَــا خِلْتُ أَنَّـهُ
سَــيَقْتُلُنِي كَيْ أَسْتَريحَ شَــفانِيَهْ

أَنَــا مَلِــكُ العُشَّاق أَبْنِـي مَدائِنًا
عَلى ضِفَّةٍ مِن سَــاحِل التِّيهِ آنِيَهْ

يُشَــبِّهَنِي قَيْسٌ بِلَيْلَــى! وإنّنِي
بِميمُونَــةٍ شَبَّهْتُــهُ لِتَفانِيـهْ

السَّمَرُ الحَزين

أَلا..

مَا لِهذَا القَلْب يَخْفِقُ.. يَخْفِقُ
وَمَا لِلِسَاني كَادَ بالسِّرِّ يَنْطِقُ؟

وَهْل

عَاشِقٌ مِثْلِي وَإنْ كَتَمَ الهَوَى
سَيَخْفَى وَفِي عَيْنَيْهِ مَا يَتَرَقْرَقُ؟

وَهْل

حَاجَةٌ فِي نَفْسِ يَعْقُوبَ أَوْغَلَتْ
سَتُقْضَى..؟ أَمِ الأَحْلَامُ لَا تَتَحَقَّقُ؟

حَمَلْتُ تَبَارِيحَ الهَوَى فَوْقَ خَافِقٍ
أَرَقَّ مِنَ الأَنْهَارِ إِذْ تَتَدَفَّقُ

وَرُبَّ خَلِيلٍ زَارَنَا وَصَدِيقُهُ
لِأَمْرٍ بِهِ صَدْرُ المُوَلَّهِ ضَيِّقُ

أَخَذْنَا بِصُنْعِ الشَّايِ حَتَى تَوَسَّطَتْ
مَسِيرَتُهُ، صِرْنَا بِنَارَيْنِ نُحْرَقُ

بِنَارٍ شَكَتْ قَبْلِي الأَبَارِيقُ حَرَّهَا
وَنَارِ هُيَامٍ فَوْقَهَا القَلْبُ يُوثَقُ

يُسَائِلُ عَنْ مَحْبُوبَتِي وَغَرَامِهَا
خَلِيلِي، وَحَالِي مِنْ كَلَامِيَ أَصْدَقُ

فَجِسْمِيَ مَصْرُوعٌ وَعَقْلِي دَالِهٌ
وَعَيْنِي بِلَا نَوْمٍ وقَلْبِي مُمَزَّقُ

وَمَا أَنَا مِنْ أَهْلِ المَمَاتِ فَيَغْفِرُوا
وَلَا أَنَا مِنْ أَهْلِ الحَيَاةِ فَيُشْفِقُوا

سَأَلْتُ..

فَضَنَّتْ بِالْهَوَى أُخْتُ مَرْيَمٍ
وَلَمَّا رَجَوْتُ الْوَصْلَ كَانَ التَّفَرُّقُ

وَأَحْزَنُ شَيْءٍ أَنْ تَرَى حُلْمَكَ الَّذِي
حَلُمْتَ بِهِ فِي مَنْ سِوَاكَ يُحَقَّقُ

إلى عينيك أشكو

تَقَاسَمَ مُهْجَتِي طُولُ ابْتِعَادِي
وَإِلْحَاحُ الْيَرَاعَةِ وَالْمِدَادِ

وَدَبَّ الشُّوقُ فِي قَلْبِي دَبِيباً
فَحَرَّكَنِي وَكُنْتُ مِنَ الْجَمَادِ

أَلَا إِنِّي عَلَى مَا كَانَ مِنِي
مِنَ الْكِتْمَانِ مَا كَتَّمْتُ بَادِ

أَرَدْتِ لِي الشِّفَاءَ فَكَانَ سُقْمِي
وَآثَرْتُ الْضَلَالَ عَلَى الرّشَادِ

إِلَـى عَيْنَيْكِ مِـنْ عَيْنَيْكِ أَشْكُو
فَإِنِّـي خُضْتُهُـنّ وَهُـنّ زَادِي

وَلَـوْ نَظَـرَتْ عُيُونُكِ فِـي عُيُونِي
لَمَـا أَنْكَـرْتِ أَتْـرَاحَ الْفُـؤَادِ

وَلَـوْ مُـدَّتْ إِلَـيَّ بِـكُلِ لُـطْفِ
يَدَاكِ لَصِـرْتُ مُرتَعِشَ الْأَيَادِي

وَإِن يَـكُ يَـا مُرَادِي لِـي مُرَادٌ
فَإِنَّـكِ لِـي مُـرَادٌ يَـا مُـرَادِي

تجرّد من الخجل

أَنَــا لَــمْ أَعُــدْ أَسْــجُنُ الكَلِمَــهْ
فَــلَا تَسْــأَلِينِي، مَتَــى ولِمَــهْ؟

تَجَرَّدتُ مِــنْ خَجَلِــي وَصَدَعْـ
ــتُ بحُبِّي وَلَا أَخْتَشِــي سَــلَمَهْ

صَرخْتُ فأسـمعتُ بـلْ وأزحْـ
ــتُ عن كلِّ ذِي صَمَــمٍ صَمَمَهْ

أنــا خاتـمُ العاشـقينَ، ضَعِــي
علــى خافقِــي الكفَّ فهْوَ سِــمَهْ

أنـرتُ مناهِـجَ أهـلِ الـهـوى
وكـــانت مداءاتُهـــا مظلمَهْ

وَهـذي المواويلُ، هذي التراتيـ
لُ، هذي الأهازيجُ، بِي مسلمَهْ

ومـا أنـا إلا وصِـيُّ الأحاسيـ
ـسِ يَبْكي وما قال يـا دمعُ مَهْ

يشارِكُ كـلَّ ذوي فرْحـةٍ
سرورًا، وذي ألـمٍ ألَمَـهْ

لِنَفْرَحَ لَوْ مرَّةً فِي الْحَيَاةِ

بِرَغْمِ تَصَارِيفَهَا الْمُؤَلِمَـهْ

ودِيـنُ الْهَوَى هُـوَ دِيـنُ الْمَلَا

ئِـكِ مِنَّـا وَنَافِـذَةُ الْمَرْحَمَـهْ

وَإِنِّـي لِغَيْـرِيَ كُنْـتُ يَـدًا

وَكُنْـتُ إِذَا مَا مَشَى قَدَمَـهْ

بُعِثْـتُ لِأُكْمِـلَ أَحْلَامَكُـمْ

فَصِفْ وجَهَ حُلْمِكَ كَيْ أَرْسُـمَهْ

وَيـا أرضُ يا أرضُ أنتِ كَمِثْلي
وَفِــيَّ الــذي فِــيكِ مِــن نَسَــمَهْ

رَامِي الشَّبَابِيك

أَيُّهَا الرَّامِي الشَّبَابِيكْ،
تَرَفَّقْ بِالْحَجَرْ..
وَتَرَفَّقْ بِالَّذِي فِيكْ
مِنَ الْأَشْبَاحِ يَهْوَى أَنْ يَرَى ثَغْرَ الشَّبَابِيكْ،
تَرَفَّقْ بِالشَّبَابِيكْ.. فَلَا ذَنْبَ لَهَا
وَهْيَ لَا تُفْتَحُ إِلَّا عِنْدَمَا يَصْحُو القَمَرْ

أَيُّهَا الرَّامِي الشَّبَابِيكْ،
بَاكِرًا تَصْحُو كَبَاقِي الكَادِحِينْ،
لَمَ لَا تَصْنَعُ خُبْزًا بِيَدِيكْ
مِثْلَ بَعْضِ الْكَادِحِينْ؟
لَمَ لَا تَحْمِلُ فَأْسًا

مِثْلَ بَعْضِ الْكَادِحِينْ؟
لِمَ لَا تَفْعَلُ شَيْئًا غَيْرَ بَحْثٍ عَنْ حَجَرْ؟!

أَمْ تُرَاك..
انْدَلَعَتْ ذِكْرَاكْ؟
حَتَّى جَعَلْتْ مِنْكَ سَفِيرًا لِلشَّبَابِيكْ؟

أَشْفَقَتْ عَيْنَاكَ..
مِنْ طُولِ السَّهَرْ،
وَكَتَبْتَ الشِّعْرَ
وَالْقِصَّةَ وَالنَّثْرَ إِلَى مَنْقُوشَةٍ فِي خَاتَمٍ كَانَ هَدِيَّه
ثُمَّ أَهْدَاهُ سُلَيْمَانَ إِلَيك

قبضة من أثر الرحيل

نزَلَ الرَّحِيلُ
عَلَيْهِ ثُمَّ تَدَثَّرَا
وَأَتَى يُتَمْتِمُ دَهْشَةَ مِمَّا جَرَى

قَدْ كَانَ أَلْزَمَ
رُوحَهُ وَهَجَ الرُّؤَى
حَتَى اعْتَرَاهُ مِنَ الْمَشَاهِدِ مَا اعْتَرَى

رُوحٌ بِلَا جَسَدٍ
وَطَلْقُ مَشَاعِرٍ
قَدْ عَانَقَ النَّعْنَاعُ فِيهَا العَنْبَرَا

هَذَا أَنَا.. وَالْعِشْقُ يَخْتِمُ وَحْيَهُ
أَوْحَى إِلَيَّ: اشْعُرْ، فَكُنْتُ الأَشْعَرَا

تُلْقِي عَلَيَّ الْبَابِلِيَّةُ سِحْرَهَا
وَالسَّامِرِيُّ يُعِيرُنِي مَا أَبْصَرَا

وَسَمَوْتُ عَنْ حَالِ الصَّبَابَةِ إِنَّمَا
"جُهْدُ الصَّبَابَةِ أَنْ تَكُونَ كَمَا أَرَى"

لِي سَكْرَةٌ
فِي حَضْرَةِ الذِّكْرَى،
وَلِي حَدَقٌ إِذَا أَلْقَى بِنَظْرَتِهِ فَرَى

يَصطَفُّ فِي عَيْنَيَّ مُعْتَكِفُو الْهَوَى
فَاللَّيْلُ هَدْأَتُهَا وَفُسْحَتُهَا الْعَرَا

نَهْفُو إِلَى المُتَلَذِّذِينَ بِوَجْدِنَا
مُذْ خَلَّفُوا فِينَا الجَوَى المُتَجَبِّرَا

سَمَحُوا لَنَا بِالنَّوْمِ ثُمَّ تَسَلَّلُوا
عَنَّا خِفَافَ الخَطْوِ كَيْ لَا نَشْعُرَا

مَا زَالَ هَذَا الدَّرْبُ مِنْ عَبَرَاتِنَا
وَخُطَاهُمُ الزَّرْقَاءِ مَشْدُوهَ الثَّرَى

رسالة الخير

حَـدِّثِ النَّفْسَ عَنْ هُمُـومِ الفَقِيرِ

إِنَّ هَـمَّ الفَقِيـرِ جِدُّ كَثِيرِ

حَـدِّثِ النَّفْسَ عَنْهُ فَهْـوَ جَدِيرٌ

بِحَدِيثِ النُّفُـوسِ.. جِدُّ جَدِيرِ

نَـازِحُ الحُلْمِ ضَاربٌ فِي التَّمَنِّي

شَـاحِبُ الوَجْهِ شَاردُ التَّفْكِيرِ

مُسْـتَعيراً مِـنْ هَدْأَةِ الَيْلِ سِـتْرًا

مُسْـتَظِلًّا بِالشَّمْسِ كُلَّ هَجِيرِ

إِنَّ فِـي عَوْنِـهِ بُلُـوغَ التَّجَلِّـي

وَصَفَـاءً وَرَاحَـةً لِلضَّمِـيرِ

رُبَّ سَـارٍ نَسُـرُّهُ بِضِيَـاءٍ

وَهَزِيـلٍ نَسُـرُّه بِالعُبُـورِ

وفَتًى غَابَ، كَانَ مِنْسَـاةَ شَيْخٍ

وَأَبٍ غَابَ عَـنْ يَتِيمٍ صَغِيرِ

إِنَّ مَنْ أُوتِيَ الْفُؤَادَ وَلَمْ يَعْـ

طِفْ عَلَى الضَّعْفِ لَيْسَ بِالْمَعْذُورِ

فَابْعَثِي يَا رِسَالَةَ الْخَيْرِ بِالإِنْـ

سَانِ حَتَّى يَرُومَ جَبْرَ الْكَسِيرِ

لَمْ يَزَلْ فِيكِ مِنْ رَسَائِلِ أَهْلِ الـ

ـخَيْرِ مَا يَجْعَلُ الْحَيَاةَ بِخَيْرِ

فِلَسْطِين

بَاحِثٌ عَنْكِ في مَدَى الْآفَاقِ
يَا فِلَسْطِينُ فَامْلَئِي أَحْدَاقِي

واضْحَكِي لِي..
لَا فُضَّ فُوكِ وَضُمِّينِي
فَإِنِّي سَئِمْتُ طُولَ الْفِرَاقِ

هَا أَنَا الْآن مِنْ جَلَالِكِ أَدْنُو
وَاثِق الخَطْوِ كَاشِفًا عَن سَاقِي

وَبَدَا ثَوْبُكِ الجَدِيدُ بَهِيًّا!
أَزْهَرَ اللَّوْنِ بَاهِرَ الْإِشْرَاقِ

أَنَا جِسْمٌ عَلَى اشْتِهَائِكِ يَفْنَى
أَنَا رُوحٌ مِنَ الْغَرَامِ الْبَاقِي

تَعِبْتْ مِنْ مَلَامِحِي رَغَبَاتِي
واسْتَثَارَتْ مَشَاعِرَ الْأَعْمَاقِ

يَا فِلِسْطِينُ كُلُّنَا فِيكِ مَوْجُودُونَ!!
فِي الصَّمْتِ نَحْنُ، فِي الْأَبْواقِ

نَحْنُ فِي الْيَاسَمِينِ، فِي السَّرْوِ،
فِي الزَّيْتُونِ،
فِي الدُّورِ نَحْنُ،
فِي الْأَسْوَاقِ!!

فِي مَدَى الْأُفُقِ،
فِي الثَّرَى،
في الرَّوَابِي،
فِي النَّدَى..
فِي الْأَغْصَانِ..
في الْأَوْرَاقِ

كُلُّنَا فِيكِ يَا فِلِسْطِينُ نَحْيَا
وَسَقَانَا كَأْسَ الْهُيَامِ السَّاقِي

وَعَزَمْنَا عَلَى الْجِهَادِ فَإِمَّا
حُمْرَةُ الْوَرْدِ أَوْ دَمُ الْعُشَّاقِ

تحت ظلال النخيل

حَدَائِقُنَا وَإِنْ ذَبُلَتْ حَدَائِقُنَا

لَنَا فِيهَا بَقَايَا الْوَرْدِ وَالذِّكْرَى

لَنَا فِيهَا مَسَاءَاتٌ

تُذِيبُ الثَّلْجَ فِي دَمِنَا

وَطَيْفُ الْجَدَّةِ الْكُبْرَى

حَدَائِقُنَا لَنَا فِيهَا أَهَازِيجٌ مِنَ الْأَسْمَارْ!

وَأَرْوَاحٌ مُسَجَّاةٌ وَعَازِفَةٌ عَلَى الْأَوْتَارْ

لَنَا صُوَرٌ جَمَاعِيَةٌ مُعَلَّقَةٌ عَلَى الْأَشْجَارْ!

**

حَدَائِقُنَا تُقَبِّل

بَيْتَنَا الْمَسْقُوف بِالْأَوْرَاقْ

تَقُولُ لهُ تَدَثَّرْ بِي

وَتَرْقُبُ غَيْمَنَا الْمَنْشُودَ فِي الآفَاقْ

وَإِنَّا مِنْ ضَحَايَا اللَّيْلِ لَكِنَّا نُرَبِّي الرِّيحَ وَالْإِشْرَاقْ

حَدَائِقُنَا تُقَبِّلُ بَيْتَنَا وَتَنَامْ

وَتَرْقُبُنَا لِنَأْتِيَهَا بِسِرْبِ حَمَامْ

وَإِنَّا مِنْ ضَحَايَا اللَّيْل

لَكِنَّا نُرَبِّي الْفَجَرَ وَالْأَحْلَامْ

*

حَدَائِقُنَا: حَدَائِقُنَا وإنْ ذَبُلَتْ!

وَنَحْنُ بِصَمْتِهَا أَدْرَى

لَنَا فِيهَا حَمَامُ الأَيْكِ فَوْقَ الأَيْكِ

وَصَوْتُ الدِّيكْ

يَنْفُثُ فِي الْمَدَى فَجْرا

لَنَا فِيهَا بَقَايَا مِنْ أَغَانِينَا

وَيَكْبُرُ ظِلُّنَا فِيهَا وَيَكْبُرُ ظِلُّهَا فِينَا

**

سَنَرْجِعُ لَا مَحَالَةَ لِلْمَسَاءَات

وَيَخْرُجُ يُوسُفُ مِنْ جُبِّنَا الْمُظْلِمْ

وَسَوْفَ نَعُودُ لِلْبَيْتِ الذي شَاخَت

مَلَامِحُهُ عَلَى حَدِّ الْمَسَافَاتِ

سَنُنْبِتُ فِي جُفُونِ اللَيْلِ أَزْهارا

وَنصْدَحُ فِي مَآذِنِنَا

وَسَوْفَ نَقُولُ مُعَلَّقَةً وَأَشْعَارا

**

حَدَائِقُنَا وَإِنْ ذَبُلَتْ حَدَائِقُنَا

وَإِنَّا عَائِدُونَ لَهَا بِأَمْطَارِ الْغَدِ الشَّارِق!

سَنَجْلِسُ تَحْتَ ظِلِّ النَّخْل

نَطْمِسُ مَا تَبَقَّى مِنْ خُطَى السَّارِقْ

سَنَطْرُدُهُ إِلَى مَلَإٍ مِنَ الثَّوَّارِ كَيْ تَثْأَرْ

أَتَاهَا لَا بِلَادَ لَهُ

لَهُ وَشْمٌ وَقُبَّعَةٌ تَقِيهِ الْحَرْ

وَإِنَّ لَنَا حَدَائِقَنَا وَإِنْ ذَبُلَت

لَنَا جُغْرَافِيَّا الصَّحْرَاءِ أَدْنَاهَا وَأَقْصَاهَا

فَلَا لَنْ نَتْرُكَ الْأَدْنَى

وَلَا لَنْ نَتْرُكَ الْأَقْصَى

وَلَا لَنْ نَتْرُكَ الْأَقْصَى

من خلف الستارة

إِنِّي رَفَضْتُ تَعَلُّمَ الأَسْمَاءِ
وَأَكَلْتُ مِنْ تُفَّاحَةِ الأَخْطَاءِ

فِي عَالَمٍ،
أَنَا فِيهِ.. بِتُّ مُهَدَّداً
بِكَآبَتِي، بِمَتَاهَتِي، بِفَنَائِي،

قَدْ كَانَ مِنْ ظِلِّ المَحَبَّةِ خَافِقِي
دَانٍ وعَنْ غَيْرِ المَحَبَّةِ نَاءِ

في الْعَالَم الْعُلْوِيّ، حَيْثُ كَرَامَتِي
لَا شَيْءَ يَسْخَرُ مِنْ جِرَاحِي الْمَاءِ

وَوَقَفْتُ فِي طُورِ الرُّؤَى
لَا نَعْلَ لِي
حَتَّى خَلَعْتُ بِطُورِهِنَّ رِدَائِي

الْغَيْمَةُ الْمَلْأى بِمَا لَا يُشْتَهَى
هَطَلَتْ عَلَيَّ بِحَيْرَةٍ وَشَقَاءِ

وَبِكَهْفِ أَحْلَامِي وَلَا أَحَدٌ مَعِي
نَادَيْتُ.. ثُمَّ أَجَابَ رَجْعُ نِدَائِي

وَسَكَبْتُ مِنْ خَلْفِ السِّتَارَةِ دَمْعَتِي
حَتَّى تَوَارَتْ عَنْ عُيُونِ الرَّائِي

أَحْلَامِي الْكُبْرَى قَضَايَا عِدَّةٌ
أَمْشِي إِلَيْهَا لَوْ عَلَى أَشْلَائِي

هِيَ أَنْ أُقَاسِمَ إِخْوَتِي أَحْزَانَهُمْ
هِيَ أَنْ أَرَى الْإِنْسَانَ فِي آلَاءِ

عَجَبًا لِمِثْلِي مِنْ فَقِيرٍ مُعْدَمٍ
أَحْنُو عَلَى الْفُقَرَاءِ رَغْمَ عَنَائِي

إِنِّي لَأَخْجَلُ مِنْ رَغِيفٍ يَابِسٍ
لَمْ يَقْتَسِمْهُ مَعِي فَمُ الفُقَرَاءِ

يَا شَاعِرًا عَشِقَ السَّلَامَ يَقُولُ لِي
حَدْسٌ سَتُصْلَبُ خِيفَةَ الشَّحْنَاءِ

سَيْفُ العَشِيرَةِ عَنْ تَلِيلِكَ بَاحِثٌ
مَا دُمْتَ فِي حِلْفٍ مَعَ الشُّعَرَاءِ

سَيُغَيِّرُونَ لِيَخْدَعُوكَ شِعَارُهُمْ
لَا تَنْخَدِعْ بِمَظَاهِرِ الْأَشْيَاءِ

الشّال

شــالٌ على كتـف الملاك يذوب

ورُؤى الجمالِ وشاعرٌ موهوبُ

والوقت يَهذي مــذ أباح بلحظة

لا طالــبٌ فيهـا ولا مطلــوبُ

كانت عيــون الطالبــات مرافئاً

ترنــو إليهــا أنفسٌ وقلــوبُ

ونجا من الموجِ المثلثِ عاشــقٌ

ما يسـأل اللحظاتِ وهْي تجيب

قد مسَّـه تعبُ المسافة واستَوتْ
رغباتـه وتــلا عليـه الطيـبُ

ويزيـده في التّيهِ شالٌ سـادرٌ
في حُمرةٍ كالشّـمس حين تغيبُ

الْعَامِرِيَّة

فُـؤَادِي بِحُـبّ الْعَامِرِيَّـة عَامِـرُ
وَإِنِـي إِلَـى شَـطِّ الْهُتَـاف لَعَابِـرُ

وبِالتّيـهِ حُـبُّ الْعَامِرِيَّـة آمِـري
وَلَيْسَ عَلَى مِثْلِي سَـوَى الْحُبّ آمِرُ

رَفَعْـتُ لَهَا الْأَعْـلَامَ أَلْوَانُهَا الْهَوَى
ولَا أَتَخَفَّى بِالْهَـوَى بَـلْ أُجَاهِـرُ

أَنَـا هَكَـذَا لَا تَكْتُمُ الْحُبَّ صَفْحَتِي

وَلَا تُمْسِكُ الدَّمْعَ الْغَزِيرَ الْمَنَاظِرُ

تَعَلَّمْتُ فَنَّ الْوِدِّ فِي حِضْنِهَا عَلَى

أَيَـادِي الجَهَابِيذِ الألَـى هُمْ جَوَاهِرُ

هُـمُ أَنْبِيَاءُ الـدَّرْسِ رَنْدِيَّةُ الشَّـذَى

كَأَنَّهُـمْ وَبْـلٌ مِـنَ الْغَيْـثِ مَاطِـرُ

وَسَـاخِرَةٍ مِنْ سُـوءِ حَـالِ نَتَائِجِي

فَقُلْـتُ لَهَـا مَهْلاً.. وَإِنِّي لَسَـاخِرُ!!

تَقُــولُ ومَــا تَــدْرِي بأَنَّ مَسَـامِعِي

خَلِيلِيَّةٌ: تَقْطِيعُكَ الشِّــعْرَ قَاصِــرُ

فَقُلْــتُ لَهَــا إِنَّ الْجَــوَادَ إِذَا كَبَــا

فَذَلِكَ حِينَ اشْــتَدَّ فِــي الْبَرْق حافِرُ

لَعَمْــرُكِ إِنَّ الْعَامِرِيَّــةَ إِنْ تَهَــبْ

شَــكَرْتُ وإِنْ تَمْنَــعْ فَإِنِّــي لَشَــاكِرُ

فَقَــدْ جَعَلَتْنِــي الْعَامِرِيَّــةُ شَــاعِراً

ومَــا أَنَــا لَوْلَا الْعَامِرِيَّــةَ شَــاعِرُ

الْعَرَّافَةُ الْكُبْرَى

هَـمٌّ يُحَمِّلُنِي لَهِـيبَ النَّـار
مُتَلَازِمَـانِ.. مَـدَارُهُ وَمَـدَارِي

قَرَّرْتُ أَنْ أَنْسَى جَمِيعَ مَشَاعِرِي
وَجَمِيعَ أَحْزَانِـي فَخَابَ قَرَارِي

جُرْحِـي عَمِيـقٌ.. كُلَّمَـا أَخْفَيْتُه
بِثِيَـابِ صَبْـرِي لَاحَ لِلْأَنْظَـار

أَتْعَبْتُ رِجْلِي بِالْخُطَى.. أَتْعَبْتُ نَفْـ
ـسِي بِالْمُنَى وَتَعِبْتُ مِنْ إِقْصَارِي

حَمَّلْتُ مَوْجَ الْبَحْرِ ثِقْلَ هَوَاجِسِي

فَرَمَـى بِهَا فِي قَعْرِهِ الْمُتَوَارِي

يَا لَيْتَ لِي أَمَلَ الرَّبِيعِ وَلَيْتَ لِي

هِمَـمَ الرِّيَـاحِ وَبِنْيَـةَ الْأَحْجَار

قَالَـتْ لِيَ الْعَرَّافَـةُ الْكُبْرَى أفقْ

وَاخْرُجْ مِنَ الصَّمْتِ الْأَثِيمِ الْجَارِي

بُـحْ بِالرُّؤَى أوْ لا تَبُحْ إِنِّي أَرَى

عَيْنَيْكَ صَارِخَتَيْنِ بِالْأَشْعَار

سَتَرَى الْحَيَاةَ جَمِيلَةً وَقَبِيحَة
إِنَّ الْحَيَاةَ غَرِيبَةُ الْأَطْوَار

سَتَرَى مِنَ النَّاسِ الْغَرَائِبَ إِنَّهُم
أُسْطُورَةٌ أُخِذَتْ عَنِ الْأَسْفَارِ

قَدْ يُقْنِعُونَكَ بِارْتِدَاءِ ثِيَابِهِمْ
وَإِذَا فَعَلْتَ تَظَلُّ مِثْلَ الْعَارِي

فَاذْهَبِ إِلَى تِلْكَ الْمَدِينةِ رُبَّمَا
يَنْقَضُّ فِيهَا الْيَوْمَ أَيُّ جِدَارِ

الراجلون

وما بين بعد الحياة..

وقرب الفناءْ،

وبين الشتات.. ومخلبِهِ

وبين الرحيل وبين البقاءْ؛

غامضٌ واقفٌ كظلال الأصيلْ،

زمانٌ يشيخُ،

وحنجرةٌ تتشظى،

وسرب من التائهين..

وجسم دليل،

باعة يشهدون على الفجر..

والنائمون على الأرض تحت السماء،

ونقش على الأرض من أثر المالْ!

لمن ذلك الشالْ؟

وهذا الرداءْ..

لمن؟

إذن هكذا قسمات الزمن!

وما بين صيرورة الدهر تسعدني ومضة

ثم تحزنني.. ثم تفعل بي ما تشاء؛

أنكرني ظلُّ صبريَ

حين رأيت شموس الأملْ

وبين المشاة على جنبات الرصيفْ؛

واقفا أستقيم ولا أستقيمْ

أكاد على مثقلات الخطى أتسجى
بروح شريد، وجسم سقيم،

لكم أن تُصلّوا عليّ
وأن تكتبوا فوق قبري:
هنا يرقد المستهامْ..
ولا تبحثوا لي عن أي شيْ،
يكفّنُني غير سري

أنا وأنا أول الراجلين إلى حلمهم
آخر الواصلين،
وما بين إقبال ليلٍ وإدبار يومٍ وبين وبينْ

تستمد الطبيعة من نفسها رونقا..
فالنجوم شهابْ
على البحر طافية
والسماء على البحر مثل الضبابْ
ولكنني رغم جود الطبيعة
ما زلت في الحائرينْ!
ولما أجد سبباً كي أحبّ الحياةْ
وكنت سأسأل حدسي لماذا ولكنه الآن ماتْ
إذن هكذا هو موت الحدوس؟
عندما تسرف النفس في الغليانْ
يولد الدمع ساعتها وكأن الدموع بخار النفوس!

من أحداث إسراء الأبجدية

هُنَا..
عِنْدَمَا يَسْكَرُ اللَّيْلُ تَعْرُجُ لِلْمُنْتَهَى الأَبْجدِيَّه
عُرُوجًا يَلِيقُ بهَا.. وَيَلِيقُ بأسْفَارهَا الأَبَدِيَّه
تُوَدِّعُ أوْ لاَ تُوَدِّعُ فَهْيَ لَهَا مُطْلَقُ الأَمْر
ها هي الآنَ تَسْري
يَقُولُ الْبُرَاقُ وَقَدْ أَجْهَدَتْهُ..
أُريدُ التَّوَقُّفَ فِي أقْرَبِ الْمُدُنِ الأفُقِيَّه
أُريدُ التَّوَقُّفَ يَا أبْجَدِيَّه!!
تُقُولُ لَهُ الأَبْجَدِيَّةُ: أَسْرِعْ!
فَإِني إلى حَضْرَةِ النورِ مُشْتَاقَةٌ

وَإني تركْتُ وَرَائي لَيْلاً يُذِيعُ مرَاسيمهُ المَلَكِيّهْ

لا أريدُ سوى سَجَدَاتٍ شَهِيَّهْ

لِأسْعَى إلى منزلي ومَقامِيَ ثم أقف

وأشكو من البشريهْ

خيبة الفلاح (السّالمة)

نَجِدُّ كَيْ يَكْسَلُوا.. نَسْعَى لِيَرْتَاحُوا؟
قُفْلٌ عَلَيْنَا.. وَهُـمْ يَا رَبُّ مِفْتَاحُ

حُبْلَى بِنَـا مِنْهُمُ الأَيَّـامُ، إِنْ حَدَثَتْ
وِلَادَةٌ وَأَدُونَـا ثُمَّ مَـا نَاحُوا

كَـمْ مِـنْ مَزَارِعِهِـمْ عُدْنَـا بِخَيْبَتِنَا
عَلَى هَشِـيمِ الـذُّرَى، وَاغْتِيلَ فَلَّاحُ

دُعَـاءُ أُمٍّ يُوَاسِـينَا وَكَفُّ أَبٍ
يُبَسِّـمَانِ الدُّنْيَـا وَهْـيَ أَتْـرَاحُ

لَا.. لَا مُوَاسَــاةَ مِــنْ ظُلْـمٍ يُذَبِّحُنَـا
بَـلْ إِنَّـهُ مَأْتَـمٌ فَالظُّلْـمُ ذَبَّـاحُ

نَشْـكُو إِلَـى اللَّـهِ أَرْوَاحـاً مُحَنَّطَةً
بِالنَّـوْمِ تَحْذَرُهَا فِي الصَّحْوِ أَرْوَاحُ

نَصِيحُ حَدَّ اشْـتِعَالَاتِ الْعُرُوقِ بِهِمْ
لَكِنَّنَـا كِلَّمَـا صِحْنَـا بِهِـمْ صَاحُوا

فِي كُلِّ عَــامٍ تُعَانِــي أَلْفُ سَــالَمَةٍ
مَظْلُومَةٍ بَيْنَ مَنْ ظَلُّوا وَمَنْ رَاحُوا

مَاذَا يُؤَمِّلُهُ السَّهرَانُ مِنْ قِطَعِ الـ

ـلَّيْلِ الغَشِيمِ وَفِي كَفَّيهِ مِصْبَاحُ

وَهَـلْ نَقُولُ لِمَـنْ مِنْ أَجْلِنَا تَعِبُوا

وَقَدْ تَلَاشَى المُنَى واسْتُنْزِفَ الرَّاحُ

تَقاذفَتنا بِحَارٌ لَا ضِفَافَ لَهَا

وَطَارَدَتْنا شَيَاطِينٌ وَأَشْبَاحُ

رِفْقًا بِعَيْنَيْ فَتَاةٍ لَمْ تَضَعْ كُحْلاً

إلَّا وَشَطَبَهُ دَمْعٌ وَإِفْصَاحُ

شُــكْرًا لِعَيْنَي فَتَاةٍ كَانَ حَشْدُ صَدَى

مِــنَ الضِّيَــاءِ بِهَــا والليْــلُ يَنْـدَاحُ

شُــكراً لِمَنْ وَقَفُــوا لِلْحَقِّ مَنْ أرِقوا

لِلْحَــقِّ مَــنْ كَتَبُوا لِلْحَــقِّ مَنْ بَاحُوا

المحتويات